I0198981

Oradour-sur-Glane

Oradour-sur-Glane

Ray Liversidge

Oradour-sur-Glane
Ray Liversidge (auteur)
Copyright©2017 Ray Liversidge (auteur)
Copyright©2019 Christine Mathieu (traductrice)
ISBN 978-0-6480838-4-9

Publisher Littlefox Press
PO Box 816
Kyneton VIC 3444
Australie

Traduit de l'anglais sous le titre original:
Oradour-sur-Glane

Editeur: Littlefox Press
PO Box 816
Kyneton VIC 3444
Australie
Copyright©2017 Ray Liversidge
ISBN 978-0-6480838-0-1

Photographie: Ray Liversidge
Copyright©2017 Ray Liversidge

Reconnaissance
Image p. 32
https://communismblog.wordpress.com/2014/12/10/sex-and-the-storm-troopers-how-french-women-fell-for-the-nazi-invaders-during-the-second-world-war/
Titre: Sex and the Stormtroopers: how French women fell for the Nazis during the Second World War.

Image p. 36
https://commons.wikimedia.org/wiki/Category:Shakespeare_and_Company#/media/File:Shakespeare_and_Company,_Paris,_2009.jpg
Title: Shakespeare and Company, Paris, 2009
Photographe: Mike Peel

Aucune partie de ce livre ne peut être revendue, republiée, téléchargée ou tramsmise en aucuene forme sans la permission écrite de l'auteur, de la traductrice et de l'éditeur.

Avant propos

Avant de quitter l'Australie et durant mon séjour en France en 2007, je savais très peu de choses sur Oradour-sur-Glane, je n'avais pas compris et je n'aurais pu comprendre ou anticiper l'ampleur de la dévastation et le choc que j'éprouverais en visitant les ruines du village. Quand je quittais Menton pour me rendre à Paris, un ami m'avait recommendé de traverser les petits villages dans les montagnes du centre de la France. Il m'avait ainsi donné les noms de plusieurs sites pittoresques qu'il avait visités auparavant. Il avait aussi parlé d'un village dont les ruines avaient été préservées depuis sa destruction par les Nazis à la fin de la seconde guerre mondiale. J'étais sur le point d'écrire que j'avais visité Loubressac, Autoire et Carennac un dimanche parce que je me souviens que tout était fermé et que les habitants étaient chez eux, dans leurs jolies maisons anciennes. Alors j'avais eu l'intention d'écrire combien le calme paisible de ces villages contrastait avec le silence terrible dont j'allais faire l'expérience à Oradour. Et puis, en relisant mon journal de voyage, je découvris que j'avais visité les ruines d'Oradour le vendredi 10 Octobre 2007, et les autres villages un dimanche certes, mais deux jours plus tard.

Peut-être y avait-il d'autres personnes ce vendredi-là, mais je me souviens de marcher seul parmi les ruines, tout ce qui restait d' un village tranquille de campagne comme tant d'autres en France. Ce jour-là, j'ai écrit – Je suis ressorti abasourdi. J'ai aussi écrit ces mots de TS Eliot, dans La Terre vaine... These fragments I have shored against my ruins. Et puis ceci: il faut écrire un poème sur Oradour-sur-Glane.

J'ai longtemps hésité à écrire ce petit livre car j'avais conscience qu'il serait difficile d'expliquer ce qui peut pousser un Australien à s'investir dans un thème aussi terrible; comment expliquer pourquoi j'ai voulu écrire sur ce qui s'est passé dans un pays qui n'est pas le mien pendant une guerre que je n'ai pas vécue. Des photocopies que j'ai conservées montrent que j'ai commencé mes recherches en février 2011 et que j'ai écrit les premières lignes à la fin de cette même année. Je ne me souviens pas de ce qui m'a finalement décidé à écrire sur Oradour-sur-Glane. Il est possible que ce soit arrivé quand j'ai déménagé et que j'ai retrouvé des photos de mes vacances en Europe, ou peut-être après avoir vu le documentaire Das Reich à la télévision australienne, ou peut-être après avoir lu un article dans le journal.

Tout cela a peu d'importance. L'important est ailleurs, lorsque j'ai commencé à écrire. J'ai alors compris que ce que j'avais vécu durant cette visite dans le village ruiné ne m'avait jamais quitté. J'avais simplement mis ces souvenirs de côté en attendant de trouver la voix qui pourrait exprimer ce que j'avais ressenti en prenant connaissance de la mémoire suppliciée. Mais comment écrire sur tant de souffrance, comment écrire ce que l'on ressent? Ces poèmes ne pouvaient parler de moi. Je désirais bien sûr exprimer les émotions ressenties en apprenant les faits de l'histoire au contact des ruines mais je n'ai pas voulu faire de moi le narrateur de l'histoire d'Oradour-sur-Glane. Et puis, j'ai aussi désiré montrer un peu comment les choses étaient pour d'autres Français sous l'occupation Nazie. En dépit du désir qu'Hitler avait eu de bombarder Paris, de le raser et de le rendre aux ténèbres, aujourd'hui Paris est toujours la Ville Lumière. Et aujourd'hui les ruines d'Oradour-sur-Glane préservent la mémoire de six cent quarante-deux personnes mortes le 6 juin 1944 et nous rappellent la folie de la guerre.

J'aimerais que ce petit livre puisse contribuer à préserver la mémoire d'Oradour-sur-Glane.

Ray Liversidge
Melbourne, Juin 2017

Les visiteurs entrent dans les ruines
Par le coté opposé
À la route que la 2ème division des Panzer
A empruntée pour entrer dans le village.
Du Centre de la mémoire
La route étroite s'élève
Le long d'un muret de pierres, bas et intact
Sur la gauche et les décombres d'autres murs
Sur l'autre côté.

Il n'y a pas de cours d'histoire
Ni de recherche ou de lecture
Qui puissent vous préparer
A cette destination, là où au bout de la rue,
Au moment où on reprend son
Souffle dans un monde brûlé où
Six cent quarante deux êtres
Ont cessé d'être en un moment.

Le nom d' Oradour provient
Du latin oratorium
Il suggère un temps ancien
Et un autel où l'on offrait
Des prières pour les morts qu'on enterrait
Aux croisements ou le long des routes.

Les deux noms veulent dire sur une rivière
Alors on peut comprendre
Comment un étranger pourrait
Confondre un panneau sur la route
Comment il pourrait se tromper de village
Oradour-sur-Glane
Oradour-sur-Vayres
La vie n' est parfois qu' un jeu de hazard.

Le jour D, Das Reich commence
La longue marche à travers la campagne
Vers le nord et la Normandie.
Les soldats de la Résistance passent à l'action
Et dans la ville de Tulle
Ils fondent sur l'ennemi.
Les SS arrivent en vitesse
Ils dispersent les combattants.
Ils ont soif de vengeance.
Alors entre le débarquement
En Normandie et le massacre
D'Oradour-sur-Glane, 99 hommes
Sont pendus aux balcons, aux arbres,
Aux ponts et dans la rue principale de Tulle
Il n'en manque qu'un pour faire la centaine
Quand les soldats tombent en panne de corde.

Pour la Résistance, l'enlèvement du
Sturmbannführer Helmet Kämpfe
Est un beau coup de filet. Pour les villageois
D'Oradour-sur-Glane, ça ne change pas grand-chose.
Pas encore. Mais ça changera tout.
Le Sturmbannführer Adolf Diekmann
Reçoit de son commandant l'ordre
De prendre en hôtage trente villageois
En échange ou peut-être à la place de Kämpfe.
Diekmann, lui, décide de faire autrement.

Quand l' Obersturmbannführer Sylvester Stadler
Découvre ce que Diekmann a fait
Il demande qu'il passe en cour martiale
Pour avoir outrepassé ses ordres.
Diekmann évite le jugement
Mais pas le morceau d'obus qui lui éclate le crâne.
Certains disent qu'il était arrivé sur la côte normande
Sans son casque.

Comme l'essence est rationnée
Ils laissent leur voiture à la maison
Et ils prennent le train
De Paris à Limoges.
C'est un beau samedi après-midi
Et ils n'ont rien à y perdre.
Ils sont heureux de quitter
L'odeur étrangère des artichauts et des navets
Pour trouver l'occasion de goûter
Du gibier frais.
Une heure après Limoges, le tramway
S'arrête au pont à la sortie de la ville
Pour ramasser les habitants des hameaux voisins
Les Bordes, Le Mas du Puy, Laplaud.
Il se dit que ses yeux sont aussi bleus
Que la rivière qu'ils viennent de traverser
Quand elle lui dit qu'ils doivent descendre
Au prochain arrêt, à l'église.
Mais le moment annulera leur réservation
Pour une table pour deux au Café Milford
Le moment lui ôtera le moment
De lui dire qu'elle trouve cette grange plutôt jolie
Et qu'elle est si amoureuse de lui.

Ses visites dans un hameau voisin achevées,
Le docteur Jacques Desourteaux reprend la route
Du village où il trouve le crieur en train
De battre du tambour et des centaines de villageois
Qui se rassemblent sur le Champ de foire.
Il gare sa voiture sur la place
Et il est surpris de rencontrer des soldats allemands
en uniforme
Qui marchent parmis les hommes, les femmes et les enfants.
Un officier SS lui demande
Ses papiers d'identité et lui dit que tout est en ordre.
Il lui fait signe de se joindre aux autres.
On ordonne aux hommes de s'asseoir pour faire trois rangées
Et de se retourner vers le mur, au nord du Champ de foire
Tandis qu'on attache les mitrailleuses sur les trépieds.
Par-dessus le bruit des sabots de bois
Et des bottes de cuir sur les pavés
On entend les voix des enfants qui chantent
Et que les mères entraînent
Sur le chemin qui mène à l'église.

Il y a un rayon de lumière–
Ça c'est certain–
Un rayon de lumière fondante–
Un faix de douleur
Qui brise les vitraux,
Qui fend les bancs de bois.
Qui remplit les ventricules du coeur.
Qui détruit – et qui refait le monde.

Je suis la fenêtre qui s'ouvre sur le monde.
La peur chante en nous comme des fils d'acier,
Concentrée dans ce lieu sacré.
Des insectes bruitent dans la poitrine de nos enfants,

Concentrés dans ce lieu sacré.
Je suis le témoin sacré de l'église,
Des insectes qui bruitent dans la poitrine de mon enfant.
Je suis une mère qui a tout perdu

Les violeurs d'église
Enfoncent des colombes fumantes dans les poumons des
mères—
Je suis une autre mère qui a tout perdu.
Je suis sortie vivante du four crématoire

En libérant des colombes des poumons des mères.
La peur chantait en nous comme des fils d'acier
Mais je suis sortie vivante du four crématoire.
Je suis la fenêtre qui ouvre sur le monde.

La bombe qui explose dans l'église
Donne le signal aux soldats
De tirer sur les hommes
Serrés les uns contre les autres dans les granges; les mitrailleuse
Visent bas pour que les balles
Trouent la chair au bas des corps.
Les Allemands marchent parmi ceux qui sont tombés
Il achèvent les rescapés à coup de pistolet; ils mettent le feu
Aux vivants éparpillés dans la paille.
"Mes jambes sont foutues," on entend
Murmurer dans la grange de Laudy.
Et un autre murmure:
"Mes deux jambes sont fracassées".

Un homme appelle sa femme
Et ses enfants; et puis il ne dit plus rien.
Six hommes parmi soixante
Arrivent à se dégager des membres sans vie
Ils arrivent à sortir par un trou
Dans le mur de la grange.
Le mécanicien, Pierre-Henri,
S'est échappé aussi mais il est abattu
Par un soldat de la cavalerie. Son corps
Tombe sur la clôture du cimetière
Le soldat descend de son cheval,
Ligote les bras tendus avec les rênes
Et il retourne à pied vers les granges en feu.

C'est tellement facile d'imaginer que mourir
C'est comme une ballade en voiture, solitaire
par une belle nuit d'été
Avec les fenêtres ouvertes—
En pensant à la maison
Où la vie, on se le dit, réside.

Et puis d'un coup, les ombres innombrables des enfers,
une communauté de chair.

Et puis, il y avait Jeanette Montazeaud
Et sa mère qui étaient allées à Limoges
Pour la journée; deux mécaniciens qui avaient décidé
D'aller pêcher sur la Glane; le cordonnier, M. Deglane,
Qui réparait des chaussures dans un hameau voisin;
M. Seson le facteur qui livrait le courrier de l'autre côté de la
rivière;
Le boucher qui était au marché à Saint-Victurnien…

Aux abords du village, le tramway de six heures qui va de
Limoges
A St-Junien est arrêté par les SS
Et on ordonne aux habitants d'Oradour de descendre.
On ordonne aux autres voyageurs de rester dans le train.
Et on ordonne au train de repartir d'où il venait.

Les villageois traversent un pont étroit
Ils se dirigent vers un poste de commande installé dans une
ferme.
Madame Montazeaud prend la main de sa fille dans la
sienne
Et elle pense voir une hirondelle
Tomber du ciel et qui brûle encore.

Les soldats ne remarquent pas—ou ils en décident ainsi—
Jeannette qui se penche et ramasse la page brûlée
du livre de catéchisme.
Le groupe une vingtaine doit attendre.
Dans ce champ qui rutile d'une verdure
Qui fait mal à voir, le petit groupe doit attendre.
Deglane note la qualité des bottes
Des soldats et puis il remarque
Que d'un coup leurs jambes se raidissent, et quand il lève les yeux
Il voit un fusil pointé vers sa tête.
Il se concentre sur la qualité du travail,
Sur le cuir et les coutures bien faites.
Et puis un officier approche et
D'un geste théâtral
Leur signale de circuler.
Plus tard Jeanette apprendra qu'un soldat
A donné un vélo à une jeune fille
Qui habitait à plusieurs kilomètres de là. Le vélo
Etait peut-être volé, mais la jeune fille
S'était dit en pédalant, en s'éloignant du village,
Que c'était l'intention qui compte.

Elle est la femme que tu ne pourras jamais être.
Nous le savons et nous l'aimons:
Son savoir-vivre, son allure, son sourire,
Tout d'elle

Qui n'a jamais pu être. Pourtant, notre amour
Fait que son tout petit corps prend la forme
D'une beauté sans existence
Avec des cheveux châtains comme ceux de sa mère.

Et nous la nourrissons, non pas de choses qui se mangent
Mais de notre pensée qui voudrait qu'elle puisse repasser
Là où elle ne serait pas tombée dans ce monde en ruines.

Elle regarde dans un miroir une femme
Qui n'était jamais; une femme belle
Dans sa robe de mariée qu'elle ne portera jamais.

Si seulement quelque chant guérisseur pouvait recon-
struire
Les nids des hirondelles affollées
Rendre les fruits tombés à leurs branches noircies
Remettre les bébés à leurs landaux
Défaire les feux annuler les ordres
Rendre les balles aux fusils.

Avant que les Allemands
Arrivent dans Paris
Peggy Guggenheim
A pris l' Oiseau
Et s'est envolée avec.
Elle est rentrée à New York
Avec d'autres oeuvres d'art
Et un futur mari
Max Ernst.

La photo a été prise
Le 23 Juin 1940
Neuf jours après la chute
De Paris et un jour après que
La France a accepté la défaîte.
On le sait parce que
C'est la seule fois
qu'il a visité la ville.
L' artiste manqué
est debout entre l'architecte Albert Speer
Et le sculpteur Arno Breker–
Entre le Nazi qui
fait ses excuses au procès de Nuremberg
Et celui qui a créé
Le Wucht und Willenhaftigkeit.
Hitler regarde
L'appareil photo bien en face.
La tour Eiffel est derrière lui.
La tour Eiffel est encore debout aujourd'hui.

Tous les jours à midi et demi
Les passants et les amoureux
Se poussent sur le côté pour regarder
La Wehrmacht défiler au pas de l'oie
Sur les Champs-Elysées.
Après la marche du midi
Les soldats et les officiers
Descendent sur la pointe des pieds
Au cabaret.

Florence Gould ne connaissait pas grand-chose
A la littérature, mais elle savait
Amuser les écrivains.
Son salon du jeudi midi
Réunissait Français, Américains et Allemands
Qui venaient parler de livres et de politique...
Et des autres.
Quelqu'un peut-être était au courant
Des affaires de Gertrude et d'Alice?
Ou de cet Hemingway
Qui ramenait son machisme à tout propos?
Et cette photo de Chevalier
Qui boit de l'eau de Vichy.
Il se peut que les Allemands debout dans le coin
Discutent des deux mille deux cents livres
Brûlés ou des ving-deux mille objets d'art volés.
Et puis, Cocteau et Colette,
Qu'est-ce qu'ils peuvent bien raconter
A cet officier de la Gestapo
Entre deux petites gorgées de cognac?

Même le son des canons
Ne peut noyer les cloches des églises
Ou faire taire la grande cloche de Notre-Dame.
Dans les bureaux de Combat
Albert Camus prend le temps
D'écouter le tintement des clochers
Et la Marseillaise qu'on chante en boucle
Avant de revenir à son éditorial.

After doing the rounds in a nearby hamlet
Doctor Jacques Desourteaux drives back
To the village to nd the town crier
Beating a drum and hundreds of townsfolk
Gathering in the Champ de Foire.
He parks his car in the fairground
And is surprised to find uniformed German soldiers
Moving among the men, women and children.
He is asked by an SS officer
For his identity papers, and after being told
That everything appears to be in order,
Motioned to join the others.
The men are commanded to sit in three rows
Facing the north wall of the fairground
As machine guns are clipped onto tripods.
Above the sound of wooden clogs
And jackboots on cobblestones, the voices
Of children singing can be heard
As their mothers lead them away from
The fairground and down the road to church.

———————

There's a slant of light –
Of that is certain –
A slant of melting light –
The heft of hurting.
It cracks the stained glass windows, It splits the wooden pews,
It fills the vessels of the heart,
It destroys – and it renews.

———————

I am the window that opens on the world.
Concentrated in this holy place
Fear sings in us like wires.
Insects sounding in our children's chests

Are concentrated in this holy place.
I am the sacred witness from the church
Of insects sounding in my child's chest.
I am a mother who has lost everything.

The sacrilegers of the church
Stuff smoking doves into the lungs of mothers –
I am another mother who's lost everything.
I came out alive from the crematory oven,

Releasing doves from the lungs of mothers.
Fear sang in us like wires
But I came out alive from the crematory oven.
I am the window opening on the world.

———————

The bomb going off in the church
Is the signal for soldiers
To commence ring at the men
Huddled in barns; the machine guns
Lowered so that bullets
Puncture esh below the waist.
The Germans then move among
The fallen, picking off survivors
With pistol shots; bodies strewn
With straw and set alight.
"My legs are ruined," comes
A murmur from the Laudy barn.
Yet another whispers:
"Both my legs are shattered."

Someone calls for his wife
And children, and then is silent.
Six men out of sixty untangle
Themselves from lifeless limbs
And scramble through a hole
In the barn wall.
The mechanic, Pierre-Henri,
Makes a run for it but is shot
By a German trooper. As his body
Slumps against the cemetery fence
The trooper dismounts from his horse,
Wraps the reins around the
Outstretched arm of the corpse,
Then walks back in the direction
Of the burning barns.

———————

How easy to imagine death to be
Like travelling alone in a car on a balmy night –
With all the windows down –
And the thought of home
Where life is rumoured to reside.

Suddenly, unnumbered shades of the underworld
Already a commonwealth of flesh.

———————

And then there was Jeanette Montazeaud
And her mother who went to Limoges
For the day; two mechanics who chose
To fish the Glane; the cobbler, Deglane,
Mending shoes in a neighbouring hamlet;
Seson, the postman, delivering mail across the river;
The butcher at Saint-Victurnien market...

Outside the village, the 6pm Limoges
To St-Junien tram is stopped by the SS
And civilians of Oradour told to get off.

All other passengers are ordered to stay on board
And the tram sent back to where it came from.
The villagers cross over a narrow footbridge
On the way to a command post at a nearby farmhouse.
Madame Montazeaud takes her daughter's hand
As she sees what she thinks is a swallow
Tumbling from the smouldering sky.

———

The soldiers do not notice – or choose to ignore –
Jeanette bending over and picking up the burned page
On which the words of the catechism are printed.
In a field glowing with a greenness
That is close to pain the group is ordered to wait.
Deglane is admiring the craftsmanship
Of the soldiers' boots when he notices
Their legs suddenly sti en and, raising his eyes,
Sees a rifle pointed at his head.
He is thinking about the quality
Of the leather and delicate needlework
When an officer strides over and,
With a theatrical flourish of his hand,
Motions everyone to move on.
Jeanette later hears that one young woman
Was given a bicycle by a soldier as her home
Was a number of miles away. The bicycle
May have been stolen, but as she pedalled
Down the dirt road and in the opposite
Direction to the town, the girl convinced
Herself it was the thought that counts.

———

This is the woman you never can be.
We know that, but we love her anyway:
Her savoir-vivre, her strut, her smile,
Every single thing about her

That never was. Yet, such is our love
Her tiny body grows into the shape
Of a beautiful nothingness
With chestnut hair just like her mother's.

And so we feed her, not with food
But with the thought that she might pass
Over as one unfallen in an unfallen world.

She is looking in a mirror at a woman
Who never was; a beautiful woman
In a wedding dress she never will wear.

———

If only a healing chorale could rebuild
The nests of bewildered swallows,
Lift the fallen fruit back to their black branches,
Return the babies to their prams,
Unlight the fires, cancel the commands,
Return the bullets to the barrels of their guns.

Paris

Before the Germans
Arrive in Paris
Peggy Guggenheim
Picks up Brancusi's Bird
In Space and ies with it Back to New York along with
Other works of art
And a husband-to-
Be, Max Ernst.

———

The photo is taken on
The 23rd of June 1940,
Nine days after the fall
Of Paris and one day after
France accepts defeat.
We know this because
It is the only time
He visited the city.
Himself, a frustrated and
Pedestrian artist, he
Positions himself
Between the architect
Albert Speer
And the sculptor
Arno Breker –
Between the Nazi who
Says sorry at the Nuremberg
Trials and the shaper of
Wucht und Willenhaftigkeit.
Hitler stares directly
Into the lens of the camera,
The Eiffel Tower behind him.
It still stands.

––––––––––

Each day at 12.30pm
The shoppers and lovers
Move aside to watch
The Wehrmacht goose-step
Down the Champs-Élysées.
After the midday march
The soldiers and the officers
Tip-toe downstairs
To catch a cabaret show.

––––––––––

Florence Gould did not know
Much about literature, but she knew
How to entertain writers.
Her salons at lunchtime on Thursdays
Brought together the French
The Americans and the Germans
To talk literature and politics...
And to gossip.
Had everyone heard the latest
About Gertrude and Alice?
What about that Hemingway fellow
With his machismo all over the shop?
And that photo of Chevalier
Drinking from a bottle of Vichy water.
Maybe the Germans in the corner
Of the room are discussing
The twenty-two hundred tonnes
Of books burned, or the twenty-two
Thousand stolen objets d' art.
And what could Cocteau and Colette
Possibly be saying to that Gestapo officer
Between sips of cognac?

————

Even the occasional burst
Of gun fire cannot silence
The ringing of church bells
Or still the tolling of the
Great bell of Notre-Dame.
From the offices of the *Combat*,
The Resistance Newspaper,
Albert Camus takes a moment
To listen to the pealing of the bells
And the regular refrain of the Marseillaise
Before returning to finish his editorial.

————

Sylvia Beach stands outside her bookshop
On the Boulevard Saint-Michel
And watches a group of Parisians
Farewell departing Germans with
A flourish of lavatory brushes.

———————

In the face of peril
And under threat, poetry
Cries out, accuses, waits.
In Paul Éluard's poem
Liberty's name is written
Again and again and again
On all manner of thing;
A single copy sent to London
For printing, and 'Liberté'
Is let fly like paper pigeons
By the RAF
In the tens of thousands
All over France.

———————

As writers write, others make love.
To Simone de Beauvoir it is
A débauche de fraternité by day
And a débauche tout court after dark.

———————

Like acts of love
Spot fires break out
But Paris refuses to burn,
Quashing Hitler's schadenfreude.
Meanwhile, on the 25th of August
General Charles De Gaulle –
Better at mobilizing myths than troops –
Addresses the crowd from the Hôtel de Ville,
Declaring Paris liberated, and
France the only, the real, l'éternelle.

———————

On a chilly Armistice Day
Churchill and de Gaulle
Lay wreaths at the Tomb
Of the Unknown Soldier
At the Arc de Triomphe,
Then stride down the Champs-Élysées
To the chants of *Vive Churchill! Vive de Gaulle!*
To Malcolm Muggeridge they were
A curious pair: *one so rotund and merry,*
the other so tall and grave;
Like Mr Pickwick and Don Quixote.

———

Visitors exit the ruins
From the opposite direction
To the route taken into the village
By the 2nd SS Panzer Division,
Down the narrow road which rises
With a low, intact retaining wall
On the right, and a number of
Rubbled walls of varying heights
On the other side to the
Centre de la Mémoire.

No number of history lessons
Or sum of research could have
Prepared you for what you
Have just witnessed,
And that moment of catching
Breath in a blistered world of
Six hundred and forty two
Moments of unbreathing.

Ray Liversidge

no suspicious circumstances: portraits of poets (dead), Littlefox Press, 2012
The Divorce Papers, Mark Time Books, 2010
Triptych Poets: Issue One, Blemish Books, 2010
The Barrier Range, Flat Chat Press, 2006
Obeying the Call, Ginninderra Press, 2003

www.ingramcontent.com/pod-product-compliance
Lightning Source LLC
Chambersburg PA
CBHW060750100426
42813CB00004B/766